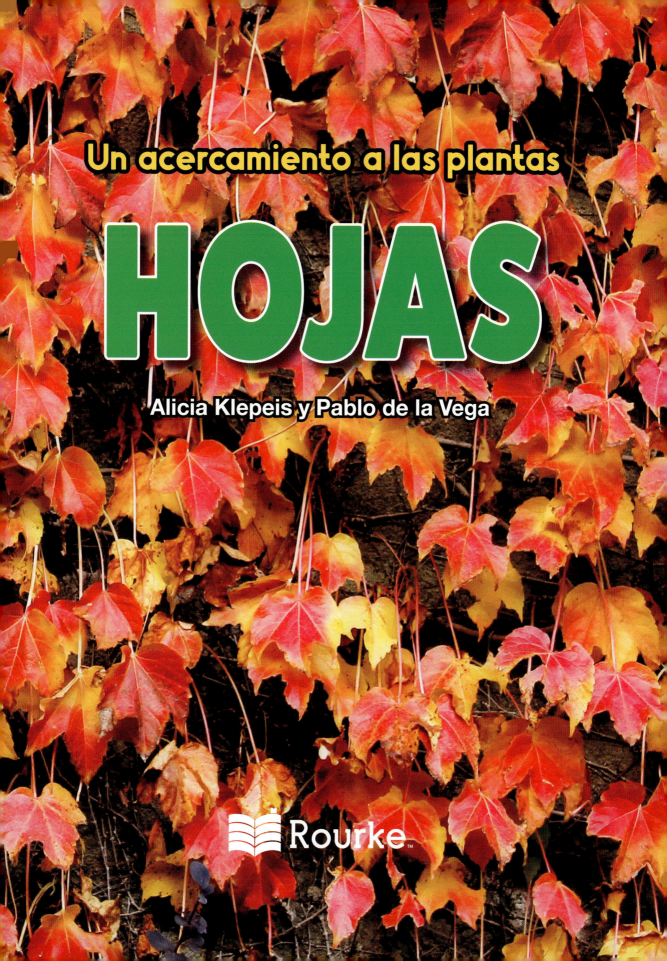

Un acercamiento a las plantas

HOJAS

Alicia Klepeis y Pablo de la Vega

Rourke

Actividades para antes y después de la lectura

Antes de la lectura:

Construcción del vocabulario académico y los conocimientos previos

Antes de leer un libro, es importante utilizar lo que ya saben los niños acerca del tema. Esto los ayudará a desarrollar su vocabulario, incrementar su comprensión de la lectura y hacer conexiones con otras áreas del currículum.

1. *Ve la portada del libro y lee el título. ¿De qué crees que trata este libro?*
2. *¿Qué sabes de este tema?*
3. *Veamos el índice. ¿Qué aprenderás en cada capítulo del libro?*
4. *¿Qué te gustaría aprender acerca de este tema? ¿Piensas que podrías aprender algo con este libro? ¿Por qué sí o por qué no?*
5. *Usa un diario de lectura y escribe en él tus conocimientos de este tema. Anota lo que ya sabes de él y lo que te gustaría aprender.*
6. *Lee el libro.*
7. *En tu diario de lectura, anota lo que aprendiste del tema y tus reacciones al libro.*
8. *Después de leer el libro, realiza las actividades que se encuentran abajo.*

Área de contenido Vocabulario
Lee las palabras de la lista. ¿Qué significan?

clorofila
cutícula
estomas
floemas
fotosíntesis
glucosa
hojas compuestas
hojas simples
peciolo

Después de la lectura:

Actividad de comprensión y extensión

Después de leer el libro, use las siguientes preguntas con su hijo o alumnos para verificar su nivel de comprensión lectora y dominio del contenido.

1. *¿Cuál es la función principal que cumplen las hojas en las plantas?* (Resume).
2. *¿Qué sucedería con las hojas si la planta fuera colocada en un lugar oscuro?* (Infiere).
3. *¿En qué se diferencian las hojas simples de las compuestas?* (Formulación de preguntas).
4. *¿Has comido hojas de plantas? ¿Cuáles?* (Conexiones texto a ti mismo).
5. *Menciona algunas razones por las cuales las plantas pueden tener diferentes tamaños o formas.* (Formulación de preguntas).

Actividad de extensión:

Después de leer el libro, realiza esta actividad. Necesitarás un bol o tazón, agua, hojas verdes frescas y una lupa. Llena con agua un bol o tazón de vidrio hasta 2/3 de su capacidad. Coloca el bol en un lugar soleado. Coloca algunas hojas verdes en el bol. ¿Se forman burbujas en las hojas? Si no, espera un poco y regresa. Quizá necesites de una lupa para ver las burbujas. ¿Por qué burbujean las hojas? Durante el proceso de fotosíntesis, las hojas liberan oxígeno. Este oxígeno proviene de los agujeros (llamados estomas) que tienen las hojas.

Índice

Hay plantas por todos lados 4
Qué necesitan las plantas para crecer 6
Muchos tipos de hojas 8
Partes de la hoja 12
¿Qué hace una hoja? 14
La fotosíntesis 16
Actividad: ¿Qué necesitan las hojas para crecer? 21
Glosario 22
Índice alfabético 23
Demuestra lo que aprendiste 23
Acerca de la autora 24

Hay plantas por todos lados

Piensa en un roble en un parque. O en un girasol en tu jardín. Hay plantas a nuestro alrededor. Hay plantas de muchos colores, formas y tamaños. Los enormes serbales pueden tener cientos de pies de altura. ¡Pero las wolffias son del tamaño de granas de caramelo!

Ya sean diminutas o enormes, todas las plantas suelen tener las mismas partes. Estas son: hojas, raíces y tallo.

Qué necesitan las plantas para crecer

La mayor parte de las plantas nacen de semillas. Cada semilla contiene una planta minúscula. Pero no todas las semillas germinan. Agua, luz del Sol y una buena ubicación son necesarias.

¿Qué sucede si se dan estas condiciones? La semilla se convertirá en una plántula. Las raíces de la joven planta crecerán por debajo del suelo. Pero su tallo y sus hojas se extenderán hacia el Sol.

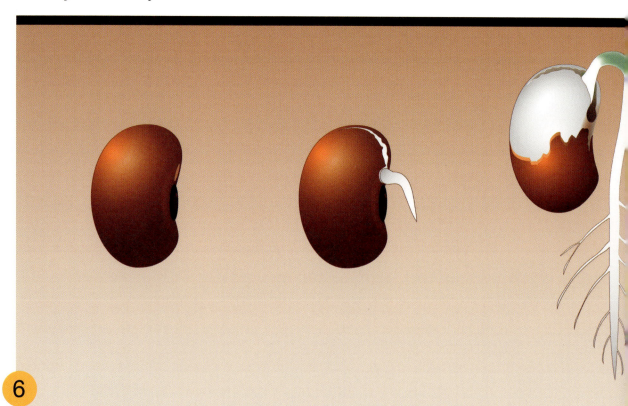

Muchos tipos de hojas

Hay muchos tipos de hojas. Grandes y pequeñas. Con manchas y lisas. Incluso, algunas plantas del desierto tienen hojas que parecen piedras.

Las hojas a veces varían dependiendo del lugar donde vive la planta. Una planta de la selva podría necesitar hojas grandes. Muchas plantas compiten por espacio en la selva. Y puede ser un lugar con muchas nubes. Las hojas grandes pueden ayudar a la planta a captar la luz del Sol.

¿Alguna vez has visto un pino? Sus hojas parecen agujas. Estas hojas especiales pueden sobrevivir en lugares fríos.

Los lithops son nativos del sur de África. Sus hojas parecen piedras.

Las hojas de este pino permanecen verdes todo el año. Una cubierta cerosa evita que las hojas pierdan demasiada agua.

La hoja más larga del mundo

¿Crees haber visto hojas muy grades? Pocas se comparan con las de la rafia, una palma. Esta planta tropical es nativa de África. Una sola hoja puede medir 75 pies (22.86 metros) de largo y 19 pies (5.8 metros) de ancho. ¡Eso es más que el largo y ancho de una autobús escolar!

¿Conoces la diferencia entre **hojas simples** y **hojas compuestas**? Una hoja simple es un hoja pegada a un tallo. La hoja de maple es un ejemplo. Así son las hojas del abedul gris.

hoja simple

hoja de maple

Una hoja compuesta está hecha de hojas más pequeñas conocidas como foliolos. Los tréboles tienen hojas compuestas. Al igual que los nogales.

hoja compuesta

hoja de trébol

Partes de la hoja

Las hojas tienen muchas formas y tamaños. Pero la mayoría de las hojas tienen una estructura similar. El **peciolo** es lo que conecta la hoja con el tallo.

¿Alguna vez has tocado una hoja? ¿Se sentía cerosa o dura? La **cutícula** es una capa protectora en la parte exterior de la hoja. Evita que la hoja se seque. Pero no bloquea la luz del Sol. Sin la luz del Sol, las plantas no pueden crecer y desarrollarse.

Mira la piel de tu muñeca. ¿Puedes ver las venas? Las hojas de las plantas también tienen venas. Estas venas le dan estructura a la hoja. También hacen que la comida y el agua circulen por las hojas.

Hojas peligrosas

No todas las hojas de las plantas pueden ser tocadas. Mantente alejado de las hojas de la hiedra venenosa. Evita también al roble venenoso y al zumaque. ¿Por qué? Estas plantas contienen un aceite llamado urushiol. Este aceite causa un horroroso sarpullido en la piel humana. ¡Estas plantas pueden causar el sarpullido años después de su muerte!

¿Qué hace una hoja?

Las hojas son una de las partes más importantes de una planta. ¿Por qué? Las hojas producen alimento para la planta. Al igual que la gente, las plantas necesitan comida para sobrevivir.

¿Cómo es que las plantas producen su propio alimento? Llevan a cabo un proceso llamado **fotosíntesis**.

La fotosíntesis

Durante la fotosíntesis, las plantas usan sus hojas para atrapar energía de la luz del Sol. La mayoría de las plantas contienen una sustancia llamada **clorofila**. Este pigmento verde absorbe la luz del Sol.

Las plantas también necesitan agua para la fotosíntesis. Las plantas toman agua con sus raíces. El agua viaja por el tallo hacia las venas de las hojas.

Además de agua, las plantas necesitan dióxido de carbono para realizar la fotosíntesis. El dióxido de carbono es un gas. Se encuentra en el aire. Las plantas toman el dióxido de carbono a través de agujeros minúsculos en sus hojas llamados **estomas**.

Las formas circulares de color amarillo verdoso que aparecen en este acercamiento son los estomas de la hoja.

Las plantas necesitan luz del Sol y agua para que ocurra la fotosíntesis. La luz del Sol llega a través de las hojas, y el agua por las raíces.

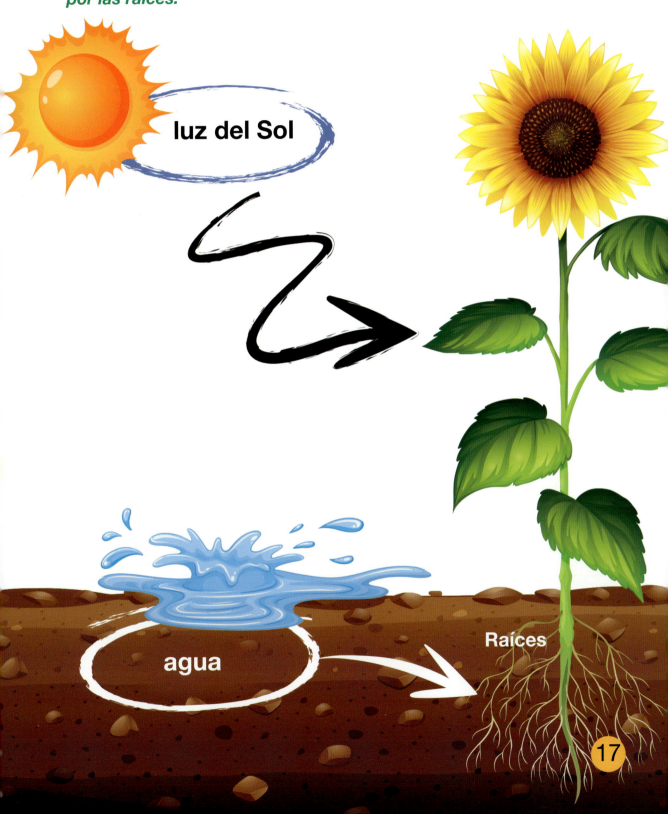

Las plantas usan la energía solar para convertir el agua y el dióxido de carbono en **glucosa** y oxígeno.

La glucosa es el alimento de la planta. Es un tipo de azúcar. Este alimento viaja de las hojas al resto de la planta.

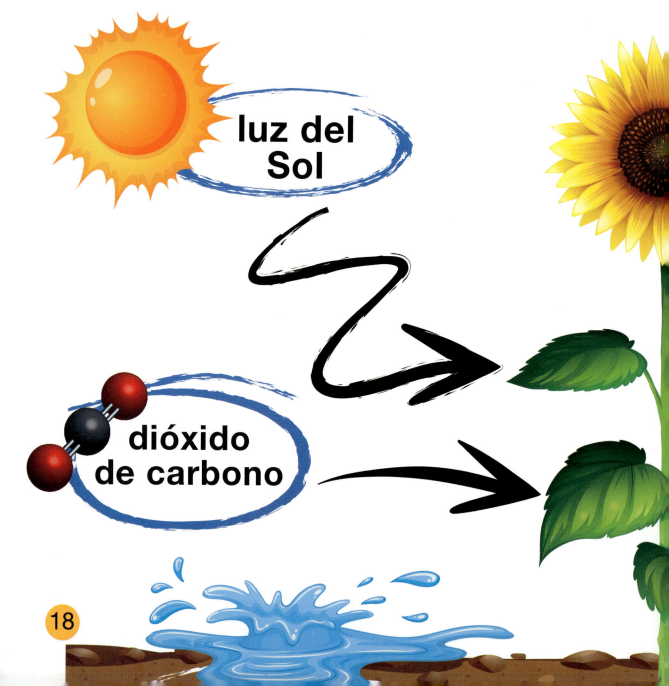

luz del Sol

dióxido de carbono

Pequeños tubos llamados **floemas** transportan la glucosa por toda la planta. La glucosa da a la planta energía para crecer y desarrollarse.

Otro producto de la fotosíntesis es el oxígeno. El oxígeno es un gas. La gente lo necesita para sobrevivir. Las plantas liberan oxígeno en el aire que respiramos. Así es que la próxima vez que hagas una respiración, ¡agradece a una planta!

Hojas para comer

La gente alrededor del mundo come hojas de plantas. Suena extraño, ¿no es así? La lechuga y la col son hojas. También las espinacas y las hojas de remolacha. ¡Las hojas pueden ser deliciosas! La próxima vez que prepares una ensalada, ¡pon atención a cuántas hojas comestibles puedes probar!

¿Qué necesitan las hojas para crecer?

¿El tipo de suelo modifica la forma en que crece una planta? ¡Averigüémoslo!

Qué necesitas:

- tres plantas pequeñas del mismo tipo (Deberán estar plantadas en macetas pequeñas con tierra; las plantas de frijol funcionan bien.)
- agua
- un marcador o bolígrafo de tinta permanente
- un trozo de papel
- bolígrafo o lápiz

Qué harás:

1. Usa un marcador para etiquetar tus macetas: 1, 2 y 3.

2. Coloca la planta 1 en un lugar soleado. Riega la planta para que la tierra esté húmeda.

3. Coloca la planta 2 en el mismo lugar soleado. Pero no la riegues.

4. Coloca la planta 3 en un lugar oscuro. El interior de un clóset es un buen lugar. Riega esta planta igual que la planta 1.

5. En el trozo de papel, haz algunas predicciones sobre lo que le sucederá a cada planta.

6. Cada dos días, mira tus plantas. Asegúrate de regar las plantas 1 y 3 si su tierra se seca.

7. En el transcurso de una semana o dos, anota lo que observes. ¿Tus predicciones fueron correctas?

Glosario

clorofila: Una sustancia verde en las plantas que usa la luz del Sol para producir alimento con dióxido de carbono y agua.

cutícula: La capa exterior, cerosa y protectora, de las hojas.

estomas: Pequeños agujeros en las hojas a través de los cuales pasan humedad y gases.

floemas: Un tejido de las plantas que contiene tubos que llevan azúcares desde las hojas hacia la planta.

fotosíntesis: Un proceso químico por el cual las plantas usan la energía del Sol para convertir el agua y el dióxido de carbono en alimento y oxígeno.

glucosa: Un azúcar natural producido por las plantas que es fuente de energía para los seres vivos.

hojas compuestas: Hojas de plantas hechas de varios o muchos foliolos unidos a un mismo tallo.

hojas simples: Hojas sencillas pegadas al tallo.

peciolo: Lo que conecta la hoja al tallo.

Índice alfabético

clorofila: 16
dióxido de carbono: 16, 18
estomas: 16
floemas: 19
fotosíntesis: 14, 16, 17, 19
glucosa: 18, 19
hoja(s) compuesta(s): 10, 11
hoja(s) simple(s): 10
oxígeno: 18, 19
semilla(s): 6

Demuestra lo que aprendiste

1. ¿Por qué las hojas son importantes para las plantas?
2. ¿Qué necesitan las hojas para crecer?
3. ¿Qué sucede durante el proceso de fotosíntesis?
4. ¿Cómo viaja la glucosa de las hojas al resto de la planta?
5. ¿Cómo puede usar la gente las hojas de las plantas?

Acerca de la autora

De las ciencias del circo a las gomitas, Alicia Klepeis adora investigar temas divertidos y fuera de lo ordinario que hacen que la no ficción sea atractiva para los lectores. Alicia comenzó su carrera en la National Geographic Society. Es autora de muchos libros para niños, entre los que se encuentran: *Bizarre Things We've Called Medicine* y *The World's Strangest Foods*. No tiene manos de jardinero, pero se las ha arreglado para mantener un cactus vivo por más de 20 años. Alicia vive con su familia al norte del estado de Nueva York.

© 2023 Rourke Educational Media

All rights reserved. No part of this book may be reproduced or utilized in any form or by any means, electronic or mechanical including photocopying, recording, or by any information storage and retrieval system without permission in writing from the publisher.

www.rourkebooks.com

PHOTO CREDITS: Cover: Leaf diagram © Designua, background photo © Khrystyna Bohush, leaf icon © asbesto_cemento; page 4 diagram © Merkushev Vasiliy, page 5 © Shujaa_777; page6-7 © Designua; page 8 © Amy CNLB, fir tree © Baciu Alexandru Tudor, page 9 © Andrew Massyn; page 10 m© Alex Coan, page 11 © Slavko Sereda; page 12 g sciencepics, page 13 © Broly0; pages 14-15 © Sukpaiboonwat; page 16 leaf © valkoinen, magnifying glass © RedlineVector, leaf closeup © Cornel Constantin, page 17, 18-19 © BlueRingMedia; page 20 © Ed Clark. All images from Shutterstock.com

Editado por: Laura Malay
Diseño de la tapa e interior: Nicola Stratford
Traducción: Pablo de la Vega

Library of Congress PCN Data

Hojas / Alicia Klepeis
(Un acercamiento a las plantas)
  ISBN 978-1-73165-446-5 (hard cover)
  ISBN 978-1-73165-497-7 (soft cover)
  ISBN 978-1-73165-530-1 (e-book)
  ISBN 978-1-73165-563-9 (e-pub)
Library of Congress Control Number: 2022941022

Rourke Educational Media
Printed in the United States of America
01-0372311937